AF365536

A tiny itsy bitsy gift of life, an egg donor story
Copyright texto © 2005 by **Carmen Martínez Jover**
www.carmenmartinezjover.com
www.fertilitybooks.net

Copyright das ilustrações © 2005 **Rosemary Martínez**
www.rosemarymartinez.com

ISBN: 9786072934726

**Um pequenino PRESENTE DA VIDA,
uma história de doação de óvulos para meninas**
1a edição, português maio 2022

História: Carmen Martínez Jover
Design & ilustrações: Rosemary Martínez
Layout: Víctor Alfonso Nieto
Tradução para o português de Larissa C. Martins, larissacortinamartins@gmail.com

Encomende a edição personalizada com os nomes de sua família:
Disponível para meninas, meninos e gêmeos.
https://books.carmenmartinezjover.com

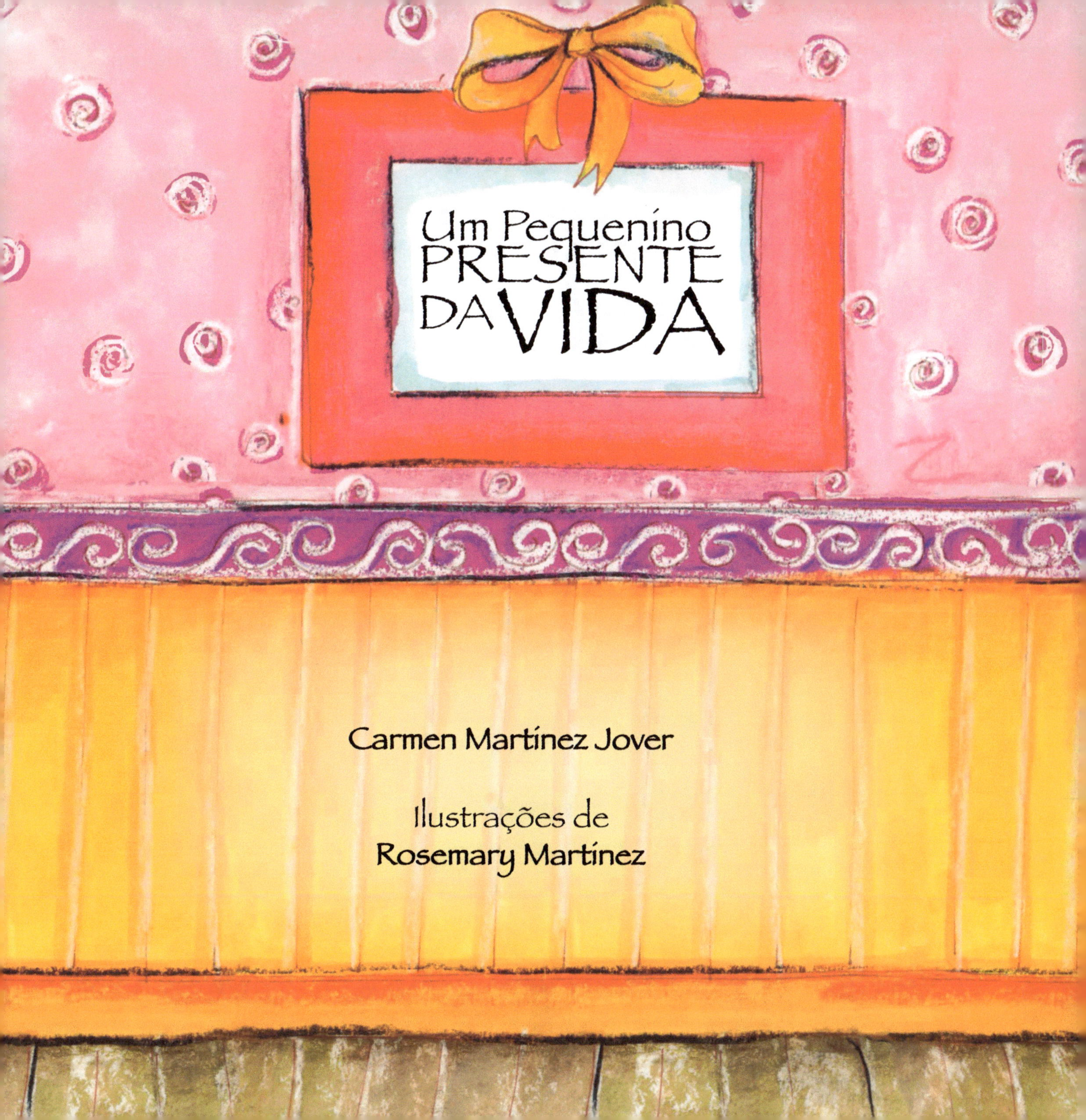

Um Pequenino
PRESENTE
DA VIDA

Carmen Martínez Jover

Ilustrações de
Rosemary Martínez

Dedico este livro à minha filha
Nicole, por me ensinar como
aquilo que eu tinha tanto medo de
compartilhar poderia ser fácil,
e por me ensinar como aprender a
ouvir meu coração.

Carmen

Dedico este livro aos meus pais,
por me ensinarem que tudo é
possível com amor, e para Joaquín,
o amor da minha vida, por me provar
que isso é verdadeiro.

Rosemary

Era uma vez dois coelhos:
Comet e Pally.

Eles viviam muito felizes
em sua bela casa.

Eles adoravam ir ao parque e sempre viam
muitos coelhinhos por toda parte, mas não
tinham o seu bebê coelhinho.

"Eu quero muito ter o
nosso coelhinho.
Mal posso esperar pelo dia
em que seremos Mamãe e
Papai", disse Pally.

"Sim, eu também",
respondeu Comet.

"Vamos ver…"
ele disse,
"para fazer
um coelhinho,
precisamos de uma
pequena sementinha
sua e uma pequena
sementinha minha."

Como esse biscoito:
duas metades
formam um."

Mas veio a primavera ...
o verão passou ...

o outono passou…

e veio o inverno…

e Pally e Comet
ainda não
tinham se
tornado Mamãe
e Papai.

13

O médico disse a Pally que
ela não tinha mais sementinhas em sua barriga
para fazer um bebê coelhinho.

14

Ela ficou muito triste.

Em um dia de sol muito
especial, uma coelha
bateu na porta.

Eles nunca tinham visto
aquela senhora antes.

"Olá Pally,
eu tenho um presente
da vida para você.

Eu tenho muitas
pequenas sementinhas
e quero te dar uma.

Estas são as outras
metades que você
precisa para fazer
seu bebê coelhinho",
disse ela.

Pally cuidou desse
pequenino presente
como se fosse um tesouro,
porque precisava dele para ter seu
bebê coelhinho.

E então Comet disse:
"Olha, Pally, aqui eu tenho a outra
metade do presentinho de que
precisamos. Estas duas sementes
formam um, como o
biscoito, lembra?"

"Agora vamos juntar
minha pequena
sementinha com o seu
pequeno presentinho
em sua barriga, para que
nosso coelhinho possa
crescer", disse Comet.

Logo a
barriga de Pally
começou a crescer
crescer
e crescer.

Comet sempre
cuidava dela.

Pally gostava de comer muitas coisas deliciosas para que o bebê coelhinho em sua barriga crescesse bem saudável.

24

Eles
começaram
a preparar o
quarto
do seu bebê
coelhinho.

O quarto mais
lindo e
amoroso já
visto.

Pally e Comet finalmente
se tornaram Mamãe e Papai!

Uma linda bebê coelhinha nasceu.
E eles a chamaram
Nicasha.

Nicasha cresceu…

cresceu…

e cresceu…

e eles viveram felizes
para sempre como uma família.

28

Carmen Martínez Jover
é coach de fertilidade, autora, artista
e palestrante internacional. É também
autora de "I want to have a child,
whatever it takes", uma autobiografia
de sua própria jornada de infertilidade.
www.carmenmartinezjover.com

Rosemary Martínez
é designer premiada
internacionalmente. Suas
ilustrações incríveis tornam essa
história ainda mais divertida para
leitura com seus filhos.
www.rosemarymartinez.com

Sejam **heróis** de suas próprias **histórias.**

Personalizem sua história **com o seu nome.**

www.fertilitybooks.net
books.carmenmartinezjover.com

DOAÇÃO DE OVINHO

Um pequenino PRESENTE DA VIDA,
uma história de doação de óvulos para meninas, meninos e gêmeos

ADOÇÃO

Tempo da alma para nascer,
uma história de adoção

UMA MÃE SOLTEIRA POR OPÇÃO

Um laço eterno, a história de uma mãe solteira por opção através da doação de óvulos e esperma

DOAÇÃO DE OVINHO E DE ESPERMA

DOIS PAIS

Dois pequeninos PRESENTES DA VIDA,
uma história de doação de ovinho e de esperma

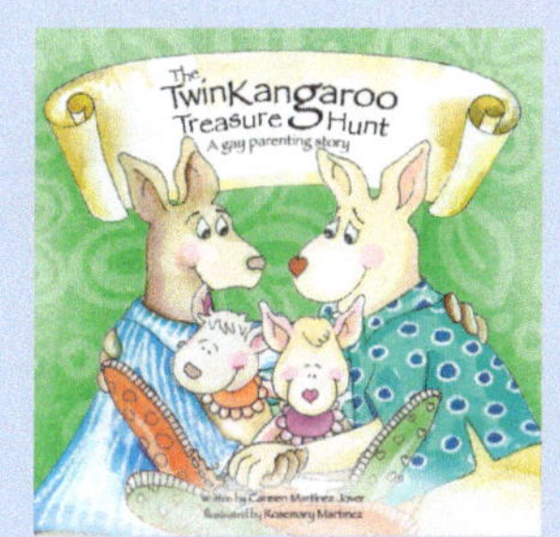 

A caça ao tesouro do bebê canguru, uma história de
pais gays para um bebê e gêmeos

Outros livros de: Rosemary e Carmen Martinez Jover

Disponível em:

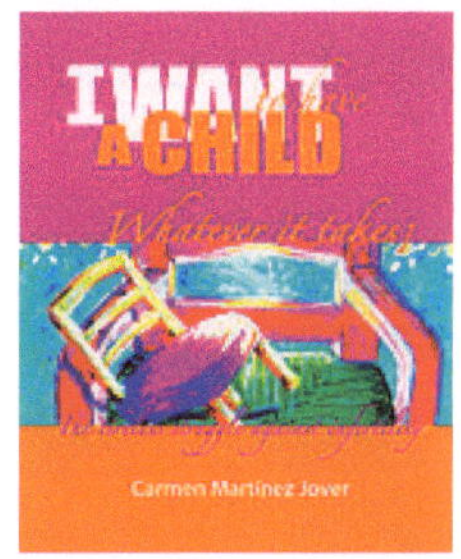  

**I want to have a child,
whatever it takes!**

**Receitas de como são
feitos os bebês**

**Bloom, wherever you
may be planted**